AF281717

Hans-Georg Renner & Melanie Rupp

Warum die Linde herzförmige Blätter hat

Ein Liebesmärchen

Impressum

Bibliografische Information der Deutschen Nationalbibliothek:
Die Deutsche Nationalbibliothek verzeichnet diese Publikation in der Deutschen
Nationalbibliografie; detaillierte bibliografische Daten sind im Internet über http://dnb.dnb.de
abrufbar.

© 2023 Hans-Georg Renner / Melanie Rupp

Herstellung und Verlag: BoD – Books on Demand, Norderstedt

ISBN: 978-3-7578-3058-8

Warum die Linde herzförmige Blätter hat ...

Es war einmal ...

vor langer, langer Zeit in einem kleinen Dorf

... vielleicht ganz in Deiner Nähe ...

In diesem Dorf begab es sich, dass am Tage des
Frühlingsanfangs drei Kinder geboren wurden

Sofia, Elwin und Finn.

Die drei Kinder verstanden sich prächtig

und die beiden Jungen, Elwin und Finn,

wurden die dicksten Freunde.

Die Kinder wuchsen und reiften heran

und Elwin übernahm mehr und mehr die Schneiderei
seiner Eltern.

Finn führte mittlerweile die Schmiede seiner Eltern und Gaffeln, die zweispitzigen Gabeln, waren seine Spezialität.

Sofia war eine gute Kauffrau geworden

und leitete das Geschäft ihrer Eltern.

PILS
RECHNUNGEN

Als die drei junge Erwachsene waren,
bezeugten sowohl Elwin als auch Finn
ihre Liebe zu Sofia.

Sofia hatte Beide sehr lieb,
aber sie konnte sich nicht recht zwischen
den beiden jungen Männern entscheiden.

Darunter litt die Freundschaft von Elwin und Finn
und es kam immer häufiger zu Missstimmungen
zwischen ihnen.

Anfangs wurde das in dem kleinen Dorf noch
belächelt.

Aber mehr und mehr entzweiten sich auch die
Familien von Elwin und Finn.

Die Stimmung im Dorf litt darunter und das kleine
Dorf drohte in zwei Lager zu zerfallen.

Da waren die einen, die gerne Elwin und Sofia
verheiratet sehen wollten und die anderen, die
gerne Finn und Sofia als Paar gesehen hätten.

Um eine drohende Spaltung des kleinen Dorfes zu verhindern, bat die Dorfälteste Sofia sich bitte zu entscheiden, wem sie Ihr Wort geben möchte, wenn sie heiraten wolle.

Da Sofia mit ihrem Verstand keine Entscheidung treffen konnte, fällte sie folgenden Entschluss.

Sie wolle ihr Herz entscheiden lassen und dem Mann, der ihr Herz mit einer Gabe am nächsten Morgen am meisten berührt, würde sie ihr Wort geben.

Finn war traurig. Er war arm und wusste nicht, was er Sofia schenken könnte. Betrübt ging er durch das Dorf und kam an der Dorflinde vorbei.

Er liebte diesen Baum und hatte sich oft dorthin zurückgezogen, wenn ihn etwas bedrückte.

Also kletterte Finn in die Linde und setzte sich auf einen dicken Ast.

Er dachte immerzu an Sofia, nahm aus seinem Werkzeuggürtel seine Schere und schnitt aus einem Lindenblatt ein Herz, und noch eins und immer so fort, die ganze Nacht hindurch.

Im Morgengrauen kletterte Finn müde von der Linde herunter und schlief direkt am Stamm ein.

Dies war aber der Morgen an dem Sofia Elwin und Finn erwartete …

Elwin kam zu Sofia und voller Stolz überreichte er
ihr seine Geldstücke in einem Minnekästchen.

Das Kästchen war aus feinstem Holz geschnitzt.

Einem alten Brauch zufolge brachte der Mann
seiner Auserwählten darin das erste Geschenk
und Sofia war entzückt.

Nun wartete sie auf Finn, aber der kam nicht ...

Aber Sofia wollte Finn auch die Gelegenheit geben,
um sie zu werben, also ging sie ihn suchen.

Auf ihrem Weg kam sie an der Dorflinde vorbei.

Sie blieb tief gerührt stehen. Denn Finn saß unter
einem Baum voller Blätter in Herzform.

Tränen der Freude schossen ihr in die Augen
und ihr Herz begann zu schmelzen und pochte
gleichzeitig ganz laut.

Sofia lief zu Finn und umarmte ihn überglücklich.
Sie hatte gesehen, wie groß seine Liebe für sie war
und war tief berührt von seinem Geschenk.

Unter der Linde versprach sie ihm, ihn zu heiraten.

Die Natur war von dieser Liebe so stark ergriffen,
dass seit dieser Zeit jede Linde auf der Welt
herzförmige Blätter hat.

Ende

„Warum die Linde herzförmige Blätter hat" *

Nacherzählt von Hans-Georg Renner

Illustriert von Melanie Rupp

Kontakt: info@koeln-fuer-verliebte.de

*Die Quelle dieses Volksmärchens ist uns leider unbekannt.
Wir freuen uns über jeden Hinweis. Herzlichen Dank.

Das Liebesmärchen gibt es im Buchhandel, oder
direkt beim BoD-Verlag, auch in englischer Sprache

"Why the lime tree has heart-shaped leaves"

Anhang

Der Liebe eine Heimat geben

Allein in Deutschland gibt es über 7.000 Museen zu den unterschiedlichsten Themen, aber keinen Ort für die Geschichte und Vielfalt der Liebe.

Es wird Zeit für ein wirkliches Liebesmuseum, ein **"Museum für die Kulturgeschichte der Liebe"**.

Inhalte sind unter anderem die Liebe zu sich selbst, positive Sexualität, liebevolle Beziehungen zwischen Menschen, Familien, Freunden, Völkern, zu Tieren, zur Natur und zu unserer Heimat, der Erde.

Unser Konzept beinhaltet ebenso interaktive Elemente zu Geschichten und „Kulturen der Liebe".

Impulse der Liebe, der Freundschaft und des Friedens werden von diesem Ort für die Liebe ausgehen und er wird ein Gewinn für uns Menschen, für Kunst, Kultur und Natur sein.

Wir freuen uns, wenn DU uns unterstützt.

Wir wollen, dass auch unsere Kinder und
Enkelkinder sich noch in einer gesunden Natur, zum
Beispiel unter einer Linde, verlieben können.

Wir bitten Dich, eine Umweltschutzorganisation
wie beispielsweise Greenpeace, WWF, BUND,
NABU oder Robin Wood zu unterstützen.

Wenn 10% der Deutschen Mitglied würden, hätten
sie ein solches politisches Gewicht, dass wir viele
Klimazerstörungen in unserer Kapitaldiktatur
aufhalten könnten.

Eine Idee wäre zum Beispiel, eine Mitgliedschaft zu
Geburtstagen zu verschenken.
(Danke an Anny Hartmann für den Tipp, in ihrem Programm
 „Klima-Ballerina")

Die Erde ist wunderschön